TAPISSERIES

DES XVIIe ET XVIIIe SIÈCLES

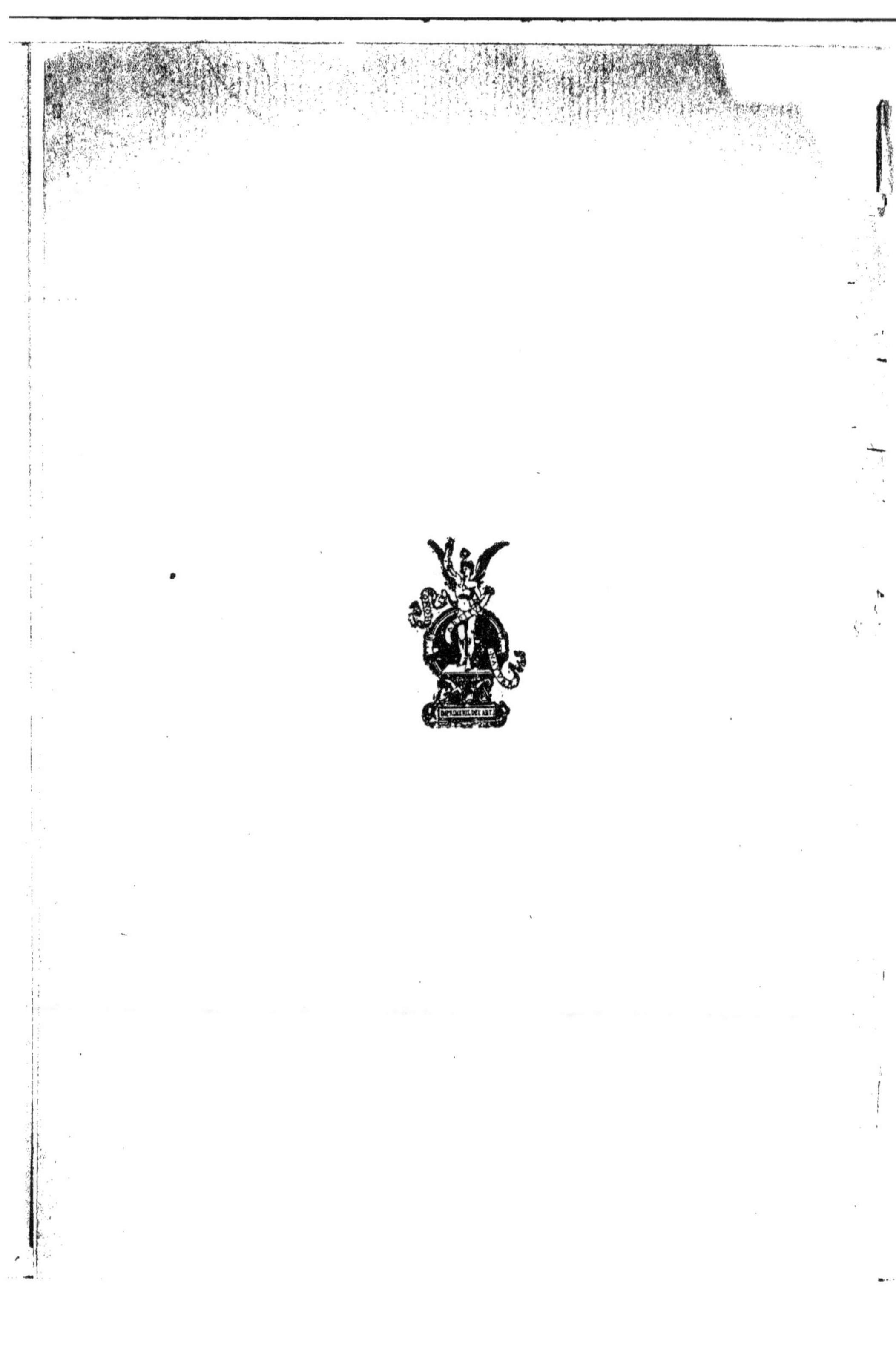
IMPRIMERIE DE L'ART

CATALOGUE

DE

TAPISSERIES

DES XVIIE ET XVIIIE SIÈCLES

Importante Suite de Six Tapisseries

DE BRUGES

De la Série des Sciences et des Arts, d'après des Cartons
de l'Atelier de RUBENS

Ayant fait partie de la Collection de M. Ridgway KNIGHT

ARTISTE PEINTRE

SUITE DE QUATRE TAPISSERIES

A SCÈNES DE CHASSE

TAPISSERIES-VERDURES

ÉTOFFES ANCIENNES

DONT LA VENTE AURA LIEU, A PARIS

HOTEL DROUOT, SALLES N°s 9 ET 10

LE JEUDI 10 MARS 1910

à trois heures

COMMISSAIRE-PRISEUR

Me **EMMANUEL ORIGET**, 3, boulevard de Sébastopol

EXPERTS

MM. DUCHESNE & DUPLAN	**M. René BLÉE**
10, rue Rossini	53, rue de Châteaudun

EXPOSITIONS

PARTICULIÈRE : *Le Mercredi 9 Mars 1910, de 2 h. à 6 heures.*
PUBLIQUE : *Le Jeudi 10 Mars, de 1 h. 1/2 à 3 h. (Jour de la vente).*

CONDITIONS DE LA VENTE

Elle sera faite au comptant.

Les adjudicataires paieront *dix pour cent* en sus des enchères.

L'exposition mettant le public à même de se rendre compte de l'état et de la nature des objets, il ne sera admis aucune réclamation une fois l'adjudication prononcée.

Paris. — Imprimerie de l'Art, Ch. Berger, 41, rue de la Victoire.

DÉSIGNATION

1 — Suite de six importantes tapisseries de la Manu-
facture de Bruges, faisant partie de la série des
Arts et des Sciences, exécutée d'après des cartons de
l'atelier de Rubens. XVIIᵉ siècle.

1° *Les Arts.*

Sous un portique à colonnes accouplées, de nombreux personnages se livrent à la démonstration et à l'étude des Arts et
des Sciences ; des figures, ainsi que divers attributs disséminés
dans cette importante composition, symbolisent le Commerce,
l'Architecture, l'Astronomie, la Musique, etc. ; au second plan
et au centre se dresse un arc triomphal au milieu d'un paysage.
Datée : 1674-1675.

Au milieu du bandeau supérieur de la bordure se lit dans
un cartouche l'inscription : *Artes deprimit bellum aquibus sus-
tinetur.*

Dim., environ. Haut., **3 m.** 65 ; larg., **5 m.** 10.

2" *La Musique.*

Sur une terrasse à balustres, auprès d'une fontaine jaillissante, quatre personnages jouent de divers instruments à corde, accompagnant une femme qui chante; d'autres personnages écoutent le concert; sur le sol sont disséminés des instruments de musique.

Dans le cartouche supérieur, inscription : *Musica discors concordia vocum.*

Dim., environ. Haut., 3 m. 70 ; long., 4 m. 25.

3' *La Philosophie.*

Dans un décor architectural, une femme, la tête ornée d'un croissant, écoute les dissertations d'un vieillard, tandis qu'à ses pieds un philosophe, couronné de lauriers, écrit; à droite de la composition se détachent deux figures d'amours; à gauche, une statue d'Aristote; dans le fond, divers personnages et une vue du château Saint-Ange. Datée : *1674.*

Dans le cartouche central de la bordure supérieure, inscription : *Philosophia rerum doceo cognoslere causus.*

Dim., environ. Haut., 3 m. 70 ; long., 3 m. 90.

4" *La Géométrie.*

Penchée sur le globe terrestre, une figure de femme tient, d'une main, un compas et de l'autre un plan ; à ses pieds, des personnages portent des instruments de géométrie, et dans le haut de la composition deux amours déploient une draperie ; au fond, monuments et paysages en perspective.

Dans un cartouche se lit l'inscription : *Uni mitri terra non est immensa.*

Dim., environ. Haut., 3 m. 70 ; long., 2 m. 25.

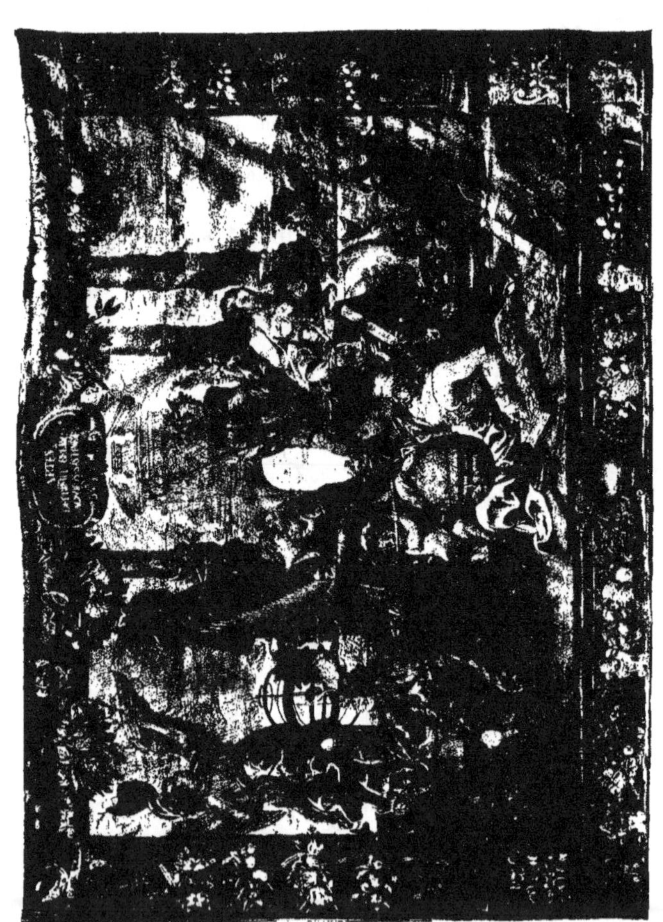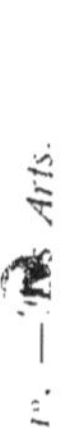

Fig. — [...] Arts.

5° *L'Étude.*

Au milieu d'une salle, assise sur une chaire, une femme symbolisant la Science fait lire une jeune fille, tandis qu'autour d'elle de jeunes enfants assis ou attablés se livrent à l'étude ; dans le haut de la composition, deux figures d'amours. Signée et datée : *Altesse 1673.*

Dans un cartouche se lit l'inscription : *Disciplinarum omnium fondamentum.*

Dim., environ. Haut., 3 m. 90 ; long., 2 m. 60.

6° *L'Arithmétique.*

Une jeune femme, assise et accoudée à une table, écoute un jeune seigneur qui comptè les pièces d'or ; au second plan, un vieillard assiste à la scène, ainsi que deux amours dont l'un semble conseiller la jeune femme à l'oreille. Datée : *1673.*

Dans un cartouche, inscription : *Arithmetica communio vitue facit hace civilis act usum.*

Dim., environ. Haut., 3 m. 90 ; long., 2 m. 60.

Chacune des six tapisseries est entourée d'une large bordure présentant sur les côtés des colonnes torses, évidées, enguirlandées de fleurs et de fruits, à bases et chapiteaux ornés de têtes d'anges ailés et de mascarons ; les bandeaux du haut et du bas présentent des guirlandes de fruits, légumes et feuillages, soutenus par des têtes d'anges ailés, et offrent à la partie centrale des cartouches.

2 — Série de quatre panneaux en ancienne tapisserie des Flandres. Compositions à sujets de chasse animés de nombreux personnages :

1° *La Chasse au sanglier.*

La bête, poursuivie par un cavalier conduisant la meute, est arrêtée par deux piqueurs armés d'épieux ; fond de château. Bordure sur les quatre côtés.

Haut., 3 m. 85 cent.; larg., 4 m. 25 cent.

2° *Le Lancer du Cerf.*

Un chasseur suivi d'une amazone s'élance à la poursuite du cerf derrière les chiens qu'on vient de découpler ; fond de château. Bordure sur les quatre côtés.

Haut., 2 m. 60 cent.; larg., 3 m. 70 cent.

3° *Le Loup aux abois.*

Un chasseur s'apprête à frapper la bête de sa lance, tandis qu'un piqueur, armé d'un épieu, la tient en respect ; fond de château. Bordure sur trois côtés.

Haut., 2 m. 60 cent.; larg., 3 mètres.

4° *Le Repos du chasseur.*

La composition représente un chasseur assis, se reposant et se restaurant ; à côté de lui, une mule chargée de gibier et de victuailles. Bordure dans le haut et dans le bas.

Haut., 2 m. 75 cent.; larg., 1 m. 60 cent.

3 — PANNEAU EN ANCIENNE TAPISSERIE DES FLANDRES.

Composition à grands personnages : Méléagre offrant à Atalante la tête du sanglier de Calydon; fond de verdure. Bordure sur trois côtés.

Haut., 3 m. 35 cent.; larg., 2 mètres.

4 — PANNEAU EN ANCIENNE TAPISSERIE DES FLANDRES ; verdure avec fond de paysage et vue de ville au bord d'un fleuve.

Au premier plan, des paysans attablés; sujet d'après TENIERS. Bordure sur les quatre côtés.

Haut., 2 m. 20 cent.; larg., 3 m. 55 cent.

5 — GRAND PANNEAU EN ANCIENNE TAPISSERIE-VERDURE DES FLANDRES AVEC PERSONNAGES.

Berger balançant une jeune bergère ; à gauche, paysan et paysanne; fond de paysage. Bordure sur les quatre côtés.

Haut., 2 m. 60 cent.; larg., 4 mètres.

6 — PANNEAU EN ANCIENNE TAPISSERIE-VERDURE DES FLANDRES.

Au premier plan, une fontaine jaillissante avec deux perroquets. Bordure sur les quatre côtés.

Haut., 2 m. 85 cent.; larg., 2 m. 60 cent.

7 — PANNEAU EN ANCIENNE TAPISSERIE-VERDURE DES FLANDRES.

Animée de volatiles avec fond de château et cours d'eau. Bordure sur les quatre côtés.

Haut., 2 m. 80 cent.; larg., 3 m. 50 cent.

8 — GRAND PANNEAU EN ANCIENNE TAPISSERIE-VERDURE DES FLANDRES, animée de personnages :

Le Retour de la Moisson.

Des paysans et des paysannes reviennent des champs, précédés d'un joueur de hautbois, et portant leurs instruments de culture. Bordure sur les quatre côtés.

Haut., 2 m. 65 cent.; larg., 4 m. 80 cent.

9 — PORTIÈRE EN ANCIENNE TAPISSERIE-VERDURE.

Fond de paysage. Bordure sur les quatre côtés.

Haut., 2 m. 85 cent.; larg., 1 m. 80 cent.

10 — PANNEAU EN ANCIENNE TAPISSERIE DES FLANDRES.

Représentant un combat sur un pont, épisode de la guerre des Cimbres. Composition à nombreux personnages. Bordure de fruits, fleurs et animaux, avec médaillons à paysages.

Haut., 3 m. 15 cent.; larg., 4 m. 40 cent.

11 — PANNEAU EN ANCIENNE TAPISSERIE DES FLANDRES.

Représentant une scène de la vie d'Esther : Le roi Assuérus est attablé avec Esther, une princesse et guerriers. Bordure à guirlandes, fleurs et palmes.

Haut., 2 m. 85 cent.; larg., 2 m. 95 cent.

12 — PETIT PANNEAU EN ANCIEN VELOURS ROUGE, brodé d'argent et de soie, décor à rinceaux, fleurs et oiseaux, avec motifs et inscriptions. Travail oriental.

Haut., 1 m. 35 cent.; larg., 83 cent.

13 — Panneau en tapisserie d'Aubusson, en partie ancien, à décor de vase fleuri dans un encadrement à rinceaux, coquille et feuillage.

Haut., 80 cent.; larg., 65 cent.

14 — Étoffe en soie brochée et lamée d'or, à bouquets de fleurs sur fond blanc. Époque Louis XV.

Haut., 1 m. 20 cent.; larg., 2 m. 75 cent.

15 — Étoffe en soie brochée et lamée or et argent, à bouquets de fleurs, palmes et motifs sur fond bleu. Époque Louis XV.

Haut., 1 m. 05 cent.; larg., 2 m. 10 cent.

16 — Tapis de table en ancien drap bleu, brodé à fleurs.

Haut., 1 m. 60 cent.; larg., 2 m. 10 cent.

17 — Six coussins en ancien velours et en broderies orientales.

18 — Lot de morceaux d'étoffes diverses et de tapisserie.

19 — Ameublement de salon, comprenant : Deux canapés, huit fauteuils et quatre chaises en bois sculpté, à raies de cœur, rosaces, etc., d'époque Louis XVI, recouvert de tapisserie d'Aubusson à médaillons fleuris sur fond crème.

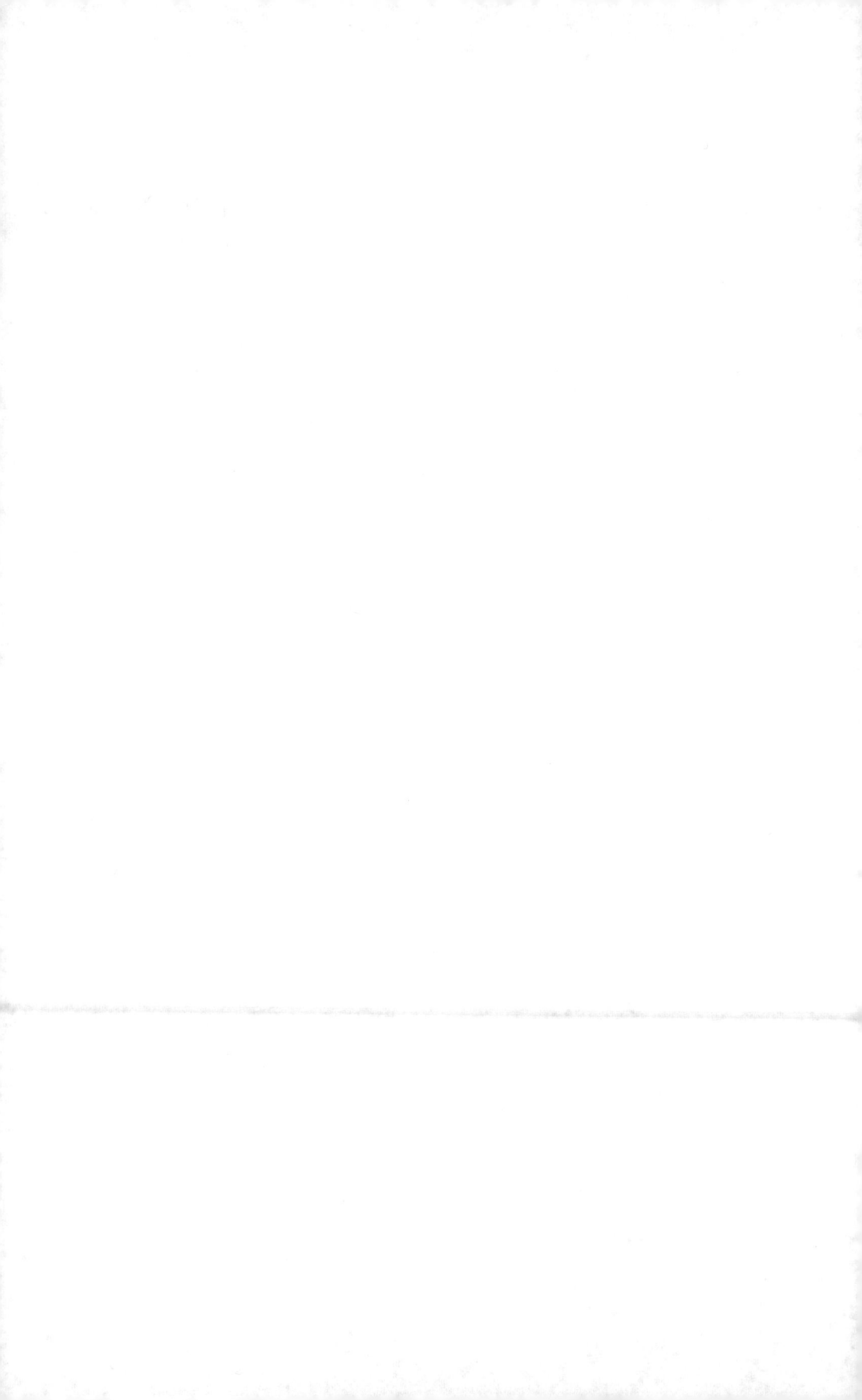

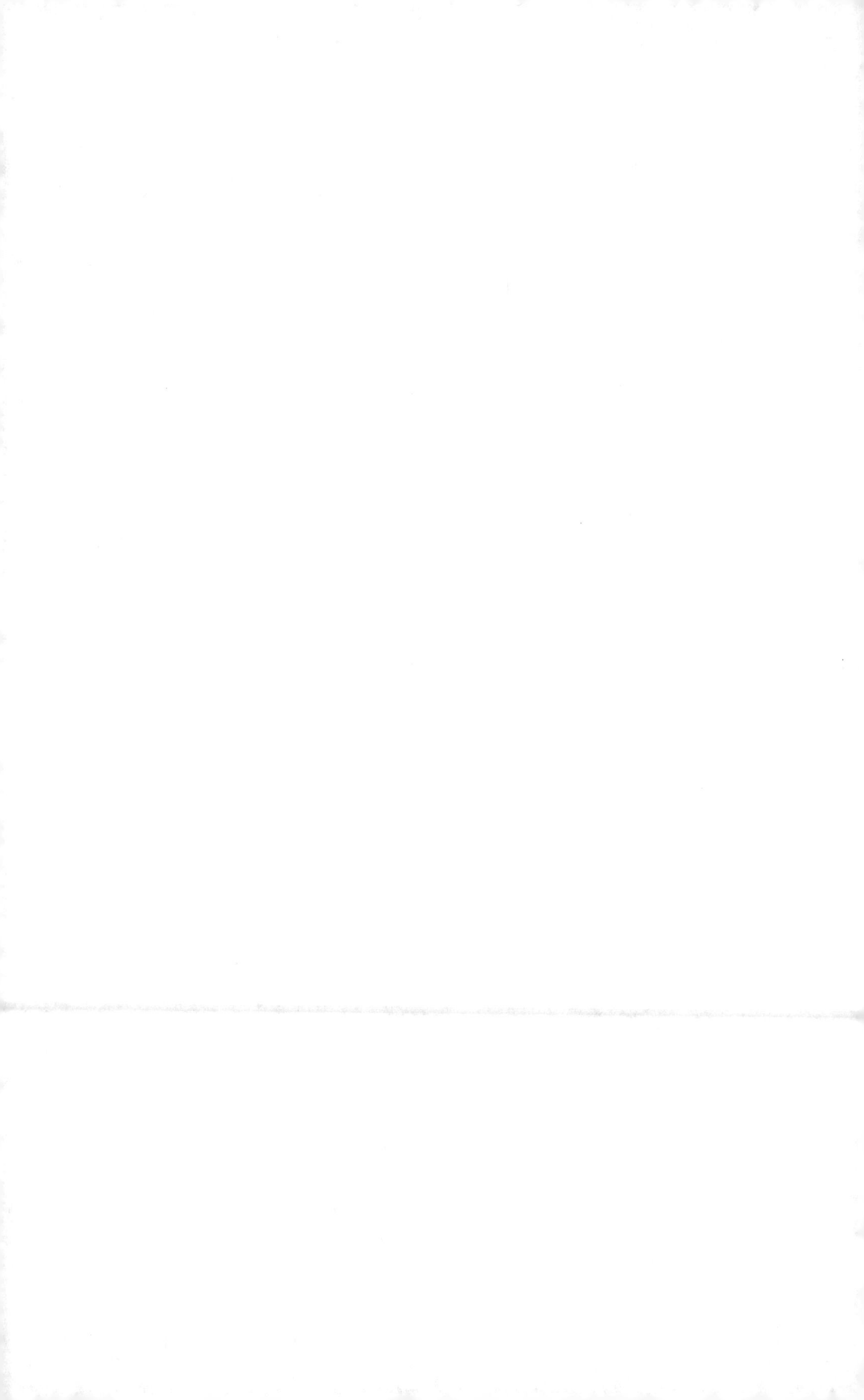